APPEL A LA FRANCE

IMPRIMERIE D'E. DUVERGER, RUE DE VERNEUIL, 4.

APPEL

A LA FRANCE

Par N. TOMMASEO,

ANCIEN MINISTRE DE LA RÉPUBLIQUE DE VENISE
ET DÉPUTÉ A L'ASSEMBLÉE.

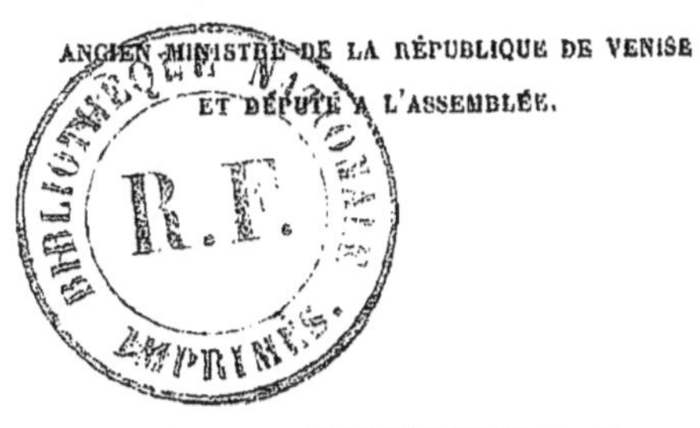

PARIS

AMYOT, RUE DE LA PAIX

Août 1848

APPEL

A LA FRANCE.

Le remercîment avant la prière. Le pavillon français flotte dans l'Adriatique pour protéger Venise et l'honneur de la France. Le rappel de la flotte sarde n'était pas connu à Paris; on ne savait pas encore que Venise était abandonnée d'un côté aux bombes autrichiennes, de l'autre au blocus et à la faim; on ne savait pas qu'elle avait saisi cet instant pour recouvrer, avec son indépendance, ses titres à l'estime des nations; que la France avait déjà envoyé ses vaisseaux, comme si elle eût pressenti un malheur qui a dépassé les craintes des amis les plus prudents et les espérances des ennemis les plus acharnés. La France s'est souvenue de ses anciennes relations avec la ville qui, pendant quatorze siècles, a le mieux gardé les traditions de l'indépendance, sinon celles de la liberté; elle s'est rappelé que des Vénitiens écrivaient jadis les mémoires de leur patrie dans sa langue; elle sait que nul ne l'a jugée avec un sens politique plus bienveillant à la fois et plus profond que les ambassadeurs envoyés de ce coin des lagunes; elle sait que ses rois ont agréé le titre de citoyens de Venise, comme s'ils eussent prévu le temps où le titre de citoyen serait plus puissant et plus sûr que celui de majesté très chrétienne. Elle sait que dans l'histoire d'un Corse, empereur de Paris et roi de Venise, dans l'histoire de la France, c'est-à-dire dans celle de l'humanité, il y avait un nom qu'il fallait rayer à tout prix, le nom de Campo-Formio; et elle a deviné que la bienveillance et la générosité l'auraient peut-être mieux rayé que le glaive et le sang. *La paix à tout prix*, c'est le mot d'un temps qui ne doit plus revenir; *l'estime des peuples à tout prix*, voilà la nouvelle devise, devise digne de la liberté et de la France.

La France sent bien que l'indépendance de Venise est aussi *un fait accompli* qu'il faut respecter. Le traité de Campo-Formio et la domination de l'Autriche ne sont, pour ainsi dire, qu'une espèce de parenthèse dans la période de notre histoire. Venise, par une capitulation signée des Autrichiens eux-mêmes, par un nouveau traité qui annule le premier, a légalement renvoyé l'ennemi; elle a, le 22 mars, recouvré sa personnalité : elle s'en est défaite, le 4 juillet, par un contrat que la force des choses et la nouvelle capitulation du roi de Sardaigne ont cassé. Le droit des gens, les exigences diplomatiques les plus vétilleuses n'ont rien à y redire : Venise doit exister telle que la capitulation de mars et celle d'août l'ont faite, maîtresse d'elle-même.

Maintenant, par la voix de son gouvernement, par la voix de son assemblée, qui est sortie du suffrage universel, elle s'adresse à la France. La France, avant même de savoir les nouveaux événements, lui envoie ses vaisseaux ; et cette espèce de divination bienfaisante est d'un fort heureux augure pour l'issue de la guerre.

Mais tout en se félicitant du fait, Venise ne saurait s'en dissimuler la portée, ne saurait omettre d'accomplir son devoir jusqu'au bout. La France sent, aussi bien que nous, que l'existence politique de cette ville n'est que l'effet et le gage de l'existence politique du pays Lombardo-Vénitien tout entier. Elle tend à résoudre la question d'une manière pacifique; et nous ne saurions l'en blâmer ni nous en plaindre, pourvu que le but soit atteint. Qu'il me soit permis d'examiner les moyens. On voit bien que ceci n'est pas une note diplomatique : c'est en simple écrivain que je jugerai les choses ; et nul que moi ne doit être responsable de mes sentiments.

Il faut d'abord signaler une différence fort honorable entre 1848 et 1831. Les promesses qu'a données à l'Italie le gouvernement de la République, ou bien les hommes influents du moment, n'ont eu ni le caractère ni le semblant d'une tentation perfide : elles ont toujours été subordonnées au besoin bien constaté, à la demande explicite que l'Italie ferait d'un secours. Tant que les Italiens, ou ceux qui parlaient en leur nom, ont cru pouvoir se suffire à eux-mêmes, la France n'a montré nulle envie de s'immiscer dans leur querelle; elle n'a pas voilé des convoitises impures sous les dehors d'une générosité chevaleresque; elle n'a pas marchandé son épée, comme le ferait un soldat aventurier.

Je ne rappellerai donc à la France ses promesses depuis Février que pour la remercier de ce qu'elles n'ont jamais dépassé certaines limites ; je ne les rappellerai que pour dire que le moment est venu de les accomplir. Ceux qui excluaient son secours fraternel, ceux qui lançaient contre leurs adversaires politiques l'accusation mensongère de l'avoir invoqué, le demandent. La nation tout entière, par la voix des assemblées et des journaux, des gouvernements et de la garde nationale, des ambassadeurs et des envoyés extraordinaires, démontre l'unanimité de ses vœux. Ce n'est pas la vieille histoire des interventions, ou, pour mieux dire, des invasions provoquées par un parti, par une passion, par un intérêt isolé; c'est un droit saint qui invoque un devoir, c'est un principe qui cherche sa garantie là où il peut la trouver.

Je ne parlerai pas des espérances d'utilité matérielle qui pourraient engager la France; je rougirais de rétrécir et d'abaisser la question en lui ôtant cette grandeur qui fait seule son importance à mes yeux. C'est dans une seule considération que je la résume. La France a dans ce moment le droit de nous aider par les moyens les plus efficaces, parce qu'elle en a le devoir : ce devoir découle non pas de tel ou tel mot, prononcé par tel ministre ou tel député; c'est la grandeur même de cette nation qui le lui impose; elle ne saurait l'abjurer sans se renier elle-même. Elle n'a rien promis à l'Italie; mais elle s'est engagée par devers soi à être toujours la France, à toujours jouer ce rôle dont la Grèce et la Belgique ont tant à se louer, ce rôle qui n'est terrible que pour les principes malfaisants et les pouvoirs en ruine.

Les motifs généreux sont toujours de bon augure : jamais, à la longue, on ne s'est repenti d'avoir fait une noble chose. Mais quand le moment approche, il faut être prêt à le saisir; car c'est dans le retard que git vraiment le danger. Après le moment passé, ce qui était un moyen devient un obstacle; ce que tout le monde aurait honoré comme un sacrifice ne paraît plus qu'un calcul. Les petits moyens ne sauraient donner que des résultats mesquins; et la crainte de la perte est souvent des pertes la moins réparable. Qui craint toujours de tomber, n'ira jamais vite; et ce n'est pas à l'aigle à détacher ses yeux du soleil pour mesurer l'espace qu'il franchira s'il se fie à la vigueur de son aile. La France n'a rien à craindre, si ce n'est sa crainte même, qui, se manifestant dans les paroles et dans les réticences, rendrait l'ennemi de plus en plus arrogant. Si elle se fût dès à présent lancée au dehors, non pas pour redresser tous les torts et pour menacer toute force injuste, mais pour mettre une parole de médiation puissante entre les opprimés et les oppresseurs, peut-être que ses discordes intérieures n'auraient pas éclaté, l'enthousiasme aurait tué la passion, la bienveillance aurait dompté la haine. Toute nation, mais notamment la France, veut être enivrée de gloire ou de sacrifice ; et même dans les temps de cupidité et de corruption, il reste toujours dans la nature humaine un fond de générosité qu'il faut savoir mettre à profit. La charrue qui ne remue pas le sol ne saurait le féconder; on le dira épuisé, et il ne sera qu'inactif. Or, l'inaction n'est pas faite pour la France; la France veut gagner sa journée à la sueur de son front, ou bien au prix de son sang. La crainte du déshonneur est sa véritable agonie.

En l'engageant à un acte d'humanité, nous ne lui promettons aucun prix; Dieu est là pour le lui assurer : seulement nous lui garantissons qu'elle n'y perdra rien. Elle aura de son côté tous les petits États et tous les grands peuples; elle aura l'avenir et la conscience du genre humain. Si la France insiste, l'Angleterre se rangera de son côté, et ne lui fera pas la guerre pour recueillir l'héritage de gloire de M. Metternich. Lord Palmerston ne peut pas avoir oublié les plaisanteries attiques des feuilles viennoises sur son compte, lorsqu'il s'est avisé de dire que le gouvernement autrichien en Italie n'était pas le modèle du désintéressement et de la tendresse. Lord Palmerston ne peut pas sans doute renier ses sentiments d'alors à l'égard d'une nation qui ne lui a fait aucun mal, et dont les Anglais n'ont rien à craindre, et beaucoup à espérer si elle est libre d'acheter de qui bon lui semble. Je n'ajouterai pas que l'Angleterre, en cas de guerre, aurait plus à craindre étant l'ennemie que l'amie de la France. La politique anglaise est assez éclairée pour connaître ses véritables dangers, et le plus sûr moyen de les conjurer. Sa médiation ne saurait avoir d'autre but que d'éviter un embrasement général, au milieu duquel ses colonies lui échapperaient, tandis que les questions sociales au dedans détraqueraient cette admirable machine dont la conservation prolongée fera l'étonnement de l'histoire. Mais s'il était démontré que l'indépendance de l'Italie peut seule éviter cet embrasement général, l'Angleterre serait bien aise de conclure sa médiation par un acte de probité qui ne nuirait à personne. Or, pour que cela soit bien démontré, il suffit d'un seul mot de la France. Que l'indépendance de l'Italie soit, non pas la dernière conséquence, mais la première condition des traités; et tout est dit. Que la France arme pour imposer la paix à l'Europe; et l'Europe, l'Autriche elle-même, acceptera cette loi comme une loi de la Providence. Mais ce qu'il faut surtout, c'est le verbe haut et le front levé; la paix dans le cœur, la main sur le sabre. Il faut traiter à portes ouvertes, pour que les nations entendent, et que les rois sachent qu'il y a quelqu'un qui écoute au dehors, ce quelqu'un qui a plus de génie que Napoléon, plus de ruse que Talleyrand, plus de force que des citadelles inexpugnables et des milliers de canons rangés en bataille.

Pour ce qui est de l'Autriche, ses derniers avantages n'ont rien changé au fond des choses; c'est toujours une puissance forte de nos divisions, qui est elle-même étonnée de sa ténace vitalité. Radetzky, octogénaire, qui s'enfuit, qui attend, qui profite des fautes et des trahisons d'autrui, et finit par vaincre là où il avait à peine l'espoir de s'échapper, Radetzky est l'image embellie de l'empire autrichien. L'Autriche a vaincu; mais si elle ne renonce au prix de sa victoire, elle en mourra de fatigue. Elle a vaincu sous les auspices d'un capitaine dont le nom indique assez son origine polonaise; elle a vaincu par la fidélité entêtée des Croates, et par la haine et la crainte qu'elle a su semer entre les Magyares et les Slaves. Elle s'est servie d'un danger pour sortir de l'autre; mais les deux dangers restent, et n'en deviennent que plus menaçants.

Les paysans, en Gallicie, ont tué leurs seigneurs; les Italiens, à Agram, il y a quelques années, se sont battus contre les Croates; les Croates maintenant tuent et pillent en Italie, espérant obtenir par là les bonnes grâces de Vienne et être délivrés des Magyares. Les Hongrois jettent loin le masque de leur opposition hautaine, et le plus renommé d'entre eux ne rougit pas de dire en plein parlement : « Nous aimons l'Italie, nous voulons son indépendance; mais que ferions-nous si les Croates qui sont en Italie venaient nous gêner? Laissons à nos ennemis cette distraction, laissons à nos amis ce malaise passager; brûlons la maison de notre voisin pour empêcher l'incendie de la nôtre. » Voilà ce qui fait la force de l'Autriche; c'est l'art d'exciter les instincts les plus ignobles, de se préparer à elle-même de nouveaux embarras et de nouvelles ignominies pour prolonger de quelques jours les angoisses des peuples.

La part que l'Allemagne a prise en tout cela est vraiment déplorable. Tant qu'il s'agissait de rire aux dépens de la gaucherie autrichienne sans que cela portât à conséquence, tant qu'il s'agissait d'exploiter pour soi-même le mépris et la haine dont l'Autriche était l'objet, on se faisait un devoir de plaindre l'Italie opprimée, d'apprécier ses titres à l'estime et à la commisération du monde ; c'était une espèce de contemplation objective. On aimait l'Italie, comme un docteur protestant fait preuve d'érudition et de bonne foi littéraire en louant Grégoire VII, mais n'en croit pas moins que Luther à lui seul était plus grand homme que tous les papes. Dès que les intérêts matériels ont donné à la question italienne la *subjectivité* qui lui manquait aux yeux de tous les Germains, alors on commença de se persuader que l'honneur national était engagé dans la lutte, et qu'Arminius et l'empereur Ferdinand ne faisaient qu'un.

Mais cette profanation du sentiment national ne saurait durer longtemps dans la loyale et sévère Allemagne. Des esprits élevés ont déjà protesté contre, et leur nombre ira toujours en s'accroissant, je l'espère. On s'apercevra que les vrais intérêts d'une nation ne peuvent jamais être la conséquence de l'injustice ; que l'honneur ne gît pas dans la victoire, quand la victoire ne fait que multiplier les haines et vicier l'avenir. Si une guerre éclatait à cause des prétentions exagérées de l'Autriche, les armes tomberaient des mains à la plus grande partie des Allemands probes et prévoyants; il y aurait dissension intestine, il y aurait guerre civile; et la république, à la fin, deviendrait un fait et une nécessité là où elle n'était qu'un rêve ou une étude. Je ne conseille pas aux princes de se jouer avec une arme aussi dangereuse que le sentiment de la nationalité, car elle se retournerait contre eux de son propre mouvement. Semez le vent, et vous recueillerez la tempête; répandez la défiance, et vous ferez germer la rébellion.

Comme la Confédération germanique est chose aussi vieille que le titre de vicaire impérial, il ne faut pas donner trop d'importance à l'élection d'un archiduc de la maison d'Absbourg : c'est du gothique fait après coup, c'est l'imitation d'un souvenir. L'Allemagne, au reste, telle qu'elle est de notre temps, ne saurait être une puissance envahissante; et quiconque n'ira pas la chercher dans ses foyers, n'aura rien à craindre d'elle. C'est la maison d'Autriche qui, par une triste parodie de tous les conquérants présents et à venir, s'est chargée du rôle d'Alexandre le Grand et de Tamerlan; et elle s'en tire assez bien, possédant parfaitement l'art d'attendre les événements et de les saisir. Lorsque des Italiens, dans l'ivresse de l'espoir et du ressentiment, s'écriaient : « Que fera maintenant l'Autriche? » je leur répondais : « Elle attendra. » Je n'eus que trop raison.

Ce n'est pas non plus la Russie qui puisse maintenant désirer la guerre, ou puisse en espérer l'issue heureuse pour elle. Les puissances de l'Europe, et notamment l'Angleterre, s'exagèrent beaucoup trop les forces de la Russie, qui souffre les maux des États barbares et ceux des États civilisés, sans avoir les avantages ni de la civilisation ni de la barbarie. L'Angleterre devrait bien s'apercevoir qu'une centaine d'Irlandais nus et affamés est plus terrible que des milliers de Cosaques, parce que le gémissement du pauvre criant miséricorde monte plus haut que le hurlement des légions.

La Russie a, d'un côté, grand intérêt à amoindrir la puissance autrichienne, qui seule a montré quelque velléité de lui contester la pleine influence sur les races slaves; elle voit d'ailleurs avec satisfaction l'Autriche s'épuiser dans ses efforts pour étouffer les mouvements des peuples vers la liberté: elle se tient coite, et attend le moment de fondre sur l'Autriche elle-même avant ou après que le mouvement libéral sera étouffé. La France pourrait dans ce moment-ci traiter avec la Russie une alliance qui durerait autant que possible; mais en tout cas elle ne doit pas la redouter comme l'Angleterre a l'air de le faire. Napoléon a dit: « Dans cinquante ans l'Europe sera républicaine ou cosaque. » Peut-être s'est-il trompé d'une particule; peut-être fallait-il dire: « En 1865 l'Europe sera républicaine et cosaque. »

La faute grave et le malheur de la Russie, c'est de vouloir étendre son empire sur la race slave tout entière, qui est divisée non-seulement par les croyances, mais par les climats, les traditions et les mœurs. Cette variété puissante tend sans doute à une grande unité, qui s'opérera avec les siècles; mais ce n'est pas à la Russie, ce n'est pas à un empire absolu qu'il sera donné d'obtenir un tel résultat. La Russie se sert de la religion comme d'un instrument de politique, et de la politique comme d'un moyen de conversion: double erreur. Qui veut faire de l'autel un support du trône, veut les abîmer tous les deux. Ce n'est pas un digne commentaire de l'Évangile que le knout, et ce n'est pas dans la garde impériale que Jésus-Christ choisit ses apôtres.

Le patronage et l'éducation de la Slavie catholique paraissaient échus en partage à l'Autriche; mais l'Autriche n'a pas eu la conscience de sa mission. Elle s'est attachée à l'Italie, comme l'usurier s'attache à un gain illicite, et abandonne des profits plus grands et plus honorables. Il lui parut plus facile d'exploiter et d'avilir une nation riche et grande, que de créer la richesse et la grandeur dans une famille de nations auxquelles la Providence réserve dans l'avenir un rôle des plus éminents. Ce que l'Autriche n'a pas su faire, la France le peut et le doit. Déjà par un concours de circonstances qui ne saurait être un hasard, les familles slaves ont entretenu ou bien essayé d'entretenir avec la France des correspondances qui étaient comme des signes précurseurs. Ce n'est pas seulement un vain mot que le titre de *Français du Nord* acquis aux malheureux Polonais, et il n'est pas nécessaire de rappeler Henri III et Marie Leczinska quand on peut nommer Kociusko et Miskievich. Les provinces illyriennes ont été pendant quelque temps accrochées à l'Empire français par un de ces caprices dans lesquels pourtant les despotes obéissent, sans le savoir, aux lois secrètes de la Providence. On sait que, dans la révolution de Serbie, Georges le Noir invoqua les secours de Napoléon; mais l'indépendance d'une nation était chose trop petite pour celui qui faisait et défaisait les rois, et le mot *nation* n'était pas dans le dictionnaire de Bonaparte, dictionnaire fort restreint, comme l'ont tous les despotes et presque tous les grands hommes. Ce dont je voudrais que le gouvernement français se pénétrât, c'est que les provinces slaves, aussi bien que l'Italie, sont naturellement un soutien de la France, qu'il est bon de s'entendre avec elles. Ce sera un contre-poids puissant aux envahissements des puissances du Nord; ce sera une arme de guerre juste, ou un gage de paix honorable.

Ce n'est pas une digression que je crois avoir faite en démontrant que l'intérêt de la France est de s'appuyer sur les nationalités, de profiter sérieusement de ce grand mot qui est le sceau de l'époque. Les nations qui ont besoin de se constituer ou de se retremper se rangeront du côté de la France; il ne restera contre elle que les hommes qui ont l'intérêt pour patrie et pour dieu le hasard. Il faut des principes au monde; le drapeau, qui porte un principe inscrit sur lui, est le seul qui doit enfin se déployer au soleil de la victoire. Il peut y avoir mésintelligence entre les gouvernements, mais les nations sont faites désormais pour s'entendre; elles sentent bien que leur sort est inséparable; que, petites ou grandes, elles ont toujours besoin l'une de l'autre. Ce n'est pas la nation qui a prononcé, qui a répété ce mot insolent: *L'Italia farà dà se.* Et pourtant elle aurait pu se suffire à elle-même si le mouvement de mars n'eût été retardé en avril, faussé dans les mois suivants. Tant que le peuple n'a eu confiance qu'en lui-même, tant que la question nationale n'est pas devenue une intrigue politique, on vainquit. C'est le peuple qui a chassé les Autrichiens de Milan; c'est le peuple qui les a renvoyés de Venise, d'Udine, de Trévise, de Padoue, de Vicence; c'est le peuple qui, pendant six semaines, les a repoussés du Cadore, et qui n'aurait cédé, n'était la trahison; ce sont les volontaires qui, par leur fermeté, ont différé de deux mois la capitulation de Palma; ce sont les volontaires qui ont vaillamment résisté à Vicence dans le premier assaut; ce sont les volontaires toscans qui ont arrêté le choc ennemi à Curtatone et ont donné à l'armée des avantages dont elle ne sut pas profiter; c'est encore le peuple qui, après la défaite des Piémontais, chassa les Autrichiens de Bologne; ce sont encore les volontaires qui restent les derniers sur le champ de bataille. Et cependant les hommes du métier et les hommes de la cour affectaient pour le peuple et les volontaires un superbe dédain : ils renvoyèrent les paysans venant offrir leurs bras et leur sang; ils éveillèrent les défiances et les convoitises, les espérances menteuses et les ambitions municipales, qu'ils imputaient aux autres ; ils éteignirent l'enthousiasme des masses, ils réduisirent la grande cause nationale aux minces proportions d'un intérêt dynastique.

Je n'entends pas déverser sur un parti tous les torts : les récriminations ne sont jamais des excuses. Mais lorsqu'il s'agit de l'honneur d'un peuple calomnié, lorsque le sort de ce peuple peut dépendre de la réputation qu'on lui fait, lorsqu'on s'efforce de fausser la voix de l'histoire et d'étouffer le cri de la conscience publique indignée, c'est encore la moindre satisfaction qu'on puisse se permettre que de dire sans rancune et sans haine : « Respectez l'infortune dont vous êtes, du moins en partie, les auteurs. »

Il est douloureux de devoir essuyer les calomnies

des frères, de devoir se défendre des coups de ceux qui devraient être nos meilleurs amis; mais on ne saurait s'empêcher de remarquer que les intérêts dynastiques et les convoitises municipales, dont on a souillé la lutte de l'indépendance, ont beaucoup nui à son succès. Les questions extérieures se sont compliquées; l'Allemagne saisit ce prétexte pour affirmer que, s'il s'agissait d'autre chose que de l'agrandissement d'un royaume, elle ne saurait pas résister à la sympathie que lui inspire le peuple italien; les princes de l'Italie ont pris ombrage; le pape, l'initiateur du mouvement, celui qui, sans déclarer la guerre, l'avait dès l'abord faite en toute franchise, qui, le premier, avait envoyé sur le territoire vénitien ses enfants, qui en avait dégarni ses propres villes au péril de sa sûreté, le pape hésita. On lui a fait un crime de ce qui n'était qu'une preuve de la délicatesse de sa conscience, de la loyauté de ses sentiments. Il lui répugnait, à lui, le père des Italiens et de tous les chrétiens, d'être réduit au rôle d'instrument passif et presqu'à l'état de machine.

Je le répète: ce n'est pas la nation qui a dédaigneusement rejeté les secours de la France. On sait bien que quelques journaux et quelques déclamateurs ne sauraient être ni les juges de l'état d'un peuple, ni les interprètes de ses sentiments. Pour ce qui est de Venise, je puis citer une preuve du contraire, une lettre que j'ai conseillée, que j'ai écrite dans la première moitié de juin au nom du gouvernement de la République. Elle était adressée au gouvernement du Piémont et à tous les autres États d'Italie. Nous les sommions de délibérer vite et de s'expliquer nettement sur leur avenir et le nôtre. « Si vous pouvez vous suffire à vous-mêmes, aidez-nous; sinon, adressons-nous tous de concert à la France. Ainsi faite, ce ne sera pas une intervention, ce sera une alliance, un appui fraternel, qui profitera au plus fort autant qu'au plus faible. Venise ne veut pas décider à elle seule, du coin de ses lagunes, une question qui regarde l'Italie tout entière : voilà pourquoi nous nous adressons à vous tous. Répondez-nous au plus tôt. » Le gouvernement du Piémont n'a rien répondu; les paroles des autres n'étaient guère concluantes. On attendait la défaite; on voulait réserver à Radetzky la consolation inespérée de se croire le Napoléon de l'époque.

Si l'appel de Venise eût été accueilli, on se serait épargné maints reproches et maints remords ; on aurait peut-être épargné à la France la guerre civile, ou du moins on en aurait diminué les horreurs. Puisque j'en suis à parler de moi, je rappellerai encore une mesure par moi proposée, qui aurait donné aux affaires d'Italie une toute autre tournure. Je voulais que l'Assemblée, formée par le suffrage universel des provinces vénitiennes qui étaient alors unies, fût promptement convoquée au mois d'avril. Ceci aurait été un lien entre les provinces qui ne se seraient pas détachées ; l'exemple de Venise aurait été suivi par Milan, car c'était un exemple de liberté et de probité. Les deux assemblées, réunissant les deux pays, ainsi que le vœu presque général le réclamait, auraient fondé un État libre qui, plus tard, après une délibération calme et indépendante, se serait constitué en monarchie ou en république, se serait assujetti ou attaché à d'autres États. On n'aurait pas eu les registres de souscription, parodie du suffrage universel. J'ai protesté contre la fusion avec le Piémont, parce que ni le temps ni les moyens ne me paraissaient bien choisis. J'ai protesté contre un acte où la violence et la fraude, l'espérance et la crainte ont eu part, ou du moins paraissaient en avoir une par trop déplorable. J'ai prédit que Charles-Albert serait roi des provinces annexées, mais roi *in partibus Germanorum*. Mais je ne me souciais guère d'être prophète à un tel prix; j'aurais voulu avoir tort, pourvu que le pays que j'aime fût heureux et honoré.

J'ai été forcé de parler de moi-même, car je tiens à démontrer qu'il y a suite entre mes principes et mes actes, et que je n'ai pas été jeté de la prison au ministère, et du ministère sur la terre de France, pour renier les croyances de ma vie et les indomptables nécessités de mon âme. J'ai toujours aimé ce qu'il y a de savant, de solide et de généreux dans la littérature et le caractère français. La preuve de mon affection sincère et reconnaissante envers la France, c'est qu'après dix ans d'absence, après dix ans dont certains mois comptent pour des générations tout entières, j'y ai conservé et j'y retrouve des souvenirs chéris et d'illustres amitiés. Maintenant, ce que je fais, je le fais en toute conscience, parce que je ne demande rien pour moi-même, et il me tarde de rentrer dans ma solitude, sitôt que j'aurai vu l'Italie libre et en paix. Ce que je demande, je le demande le front haut et avec l'autorité de l'homme qui réclame l'accomplissement d'un devoir. Je pense que, de ce temps, une intervention ne saurait être un envahissement; je crois utile que les peuples aussi commencent à exercer entre eux les droits et les devoirs d'une sainte-alliance. Je vois les nations fatiguées, languissantes, et gisant comme des brebris sans pasteur; je les vois se défier les unes des autres, et confier plutôt leur sort à des marchands et à des traîtres. Les événements pressent, et nul n'est pressé de les saisir; le chemin est long et inévitable, et nul n'a envie de se mettre en route. Oh! si j'écrivais dans la langue de mes pensées pour communiquer à l'âme de ceux qui me liront une partie de la compassion et de la douleur qui oppressent mon cœur, sans pourtant l'accabler! Pour sortir des angoisses où la France se trouve, il faut un acte de générosité et de courage. La politique du doute aboutit à la crédulité, et finit par être le jouet de tous les vents. C'est la bienveillance qui fait les grandes choses; sans elle tout effort est comme un germe dans une terre desséchée. La France n'a pas à tirer l'épée, il suffit d'en faire entendre le bruit dans le fourreau pour que l'ennemi en soit frappé. Croyez fermement que vous pouvez nous sauver, et vous nous sauverez. Le temps viendra où vous désirerez pour votre avantage nous venir en aide, et vous ne pourrez. Ne permettez pas que sous la République on fasse une parodie amère du mot d'un roi, et qu'on s'écrie : *Tout est sauvé, fors l'honneur*. Je dis à la France, je dis à l'Angleterre : Ce serait une honte pour l'espèce humaine que de laisser peser dans la balance des destinées d'un peuple l'épée d'un Brennus décrépit. Notre cause est la vôtre. Secourez-nous dans notre péril, ou vous périrez.

FIN.

IMPRIMERIE D'E. DUVERGER, RUE DE VERNEUIL, N. 4.

BIBLIOTHÈQUE NATIONALE
R.F.
IMPRIMÉS.

www.ingramcontent.com/pod-product-compliance
Lightning Source LLC
LaVergne TN
LVHW010257230826
846091LV00007B/3026

* 9 7 8 2 0 1 9 6 5 5 3 6 5 *